Theodor Storm

Viola tricolor

Herausgegeben von Karl Ernst Laage
Fotos von Günter Pump

Husum

Es war sehr still in dem großen Hause; aber selbst auf dem Flur spürte man den Duft von frischen Blumensträußen. Aus einer Flügeltür, der breiten, in das Oberhaus hinaufführenden Treppe gegenüber, trat eine alte, sauber gekleidete Dienerin. Mit einer feierlichen Selbstzufriedenheit drückte sie hinter sich die Tür ins Schloss und ließ dann ihre grauen Augen an den Wänden entlangstreifen, als wolle sie auch hier jedes Stäubchen noch einer letzten Musterung unterziehen; aber sie nickte beifällig und warf dann einen Blick auf die alte englische Hausuhr, deren Glockenspiel eben zum zweiten Mal seinen Satz abgespielt hatte.

„Schon halb!", murmelte die Alte; „und um acht, so schrieb der Herr Professor, wollten die Herrschaften da sein!"

Hierauf griff sie in ihre Tasche nach einem großen Schlüsselbund und verschwand dann in den hinteren Räumen des Hauses. – Und wieder wurde es still; nur der Perpendikelschlag der Uhr tönte durch den geräumigen Flur und in das Treppenhaus hinauf; durch das Fenster über der Haustür fiel noch ein Strahl der Abendsonne und

„Uhr" und „Treppenhaus"
im Husumer Storm-Haus

blinkte auf den drei vergoldeten Knöpfen, welche das Uhrgehäuse krönten.

Dann kamen von oben herab kleine leichte Schritte, und ein etwa zehnjähriges Mädchen erschien auf dem Treppenabsatz. Auch sie war frisch und festlich angetan; das rot und weiß gestreifte Kleid stand ihr gut zu dem bräunlichen Gesichtchen und den glänzend schwarzen Haar-

flechten. Sie legte den Arm auf das Geländer und das Köpfchen auf den Arm und ließ sich so langsam hinabgleiten, während ihre dunklen Augen träumerisch auf die gegenüberliegende Zimmertür gerichtet waren.

Einen Augenblick stand sie horchend auf dem Flur; dann drückte sie leise die Tür des Zimmers auf und schlüpfte durch die schweren Vorhänge hinein. – Es war schon dämmerig hier; denn die beiden Fenster des tiefen Raumes gingen auf eine von hohen Häusern eingeengte Straße; nur seitwärts über dem Sofa leuchtete wie Silber ein venezianischer Spiegel auf der dunkelgrünen Sammettapete. In dieser Einsamkeit schien er nur dazu bestimmt, das Bild eines frischen Rosenstraußes zurückzugeben, der in einer Marmorvase auf dem Sofatische stand. Bald aber erschien in seinem Rahmen auch das dunkle Kinderköpfchen. Auf den Zehen war die Kleine über den weichen Fußteppich herangeschlichen; und schon griffen die schlanken Finger hastig zwischen die Stängel der

„Endlich war es ihr gelungen, eine halb erschlossene Moosrose aus dem Strauße zu lösen"

Blumen, während ihre Augen nach der Tür zurückflogen. Endlich war es ihr gelungen, eine halb erschlossene Moosrose aus dem Strauße zu lösen; aber sie hatte bei ihrer Arbeit der Dornen nicht geachtet, und ein roter Blutstropfen rieselte über ihren Arm. Rasch – denn er wäre fast in das Muster der kostbaren Tischdecke gefallen – sog sie ihn mit ihren Lippen auf; dann, leise, wie sie gekommen, die geraubte Rose in der Hand, schlüpfte sie wieder durch die Türvorhänge auf den Flur hinaus. Nachdem sie auch hier noch einmal gehorcht hatte, flog sie die Treppe wieder hinauf, die sie zuvor herabgekommen war, und droben weiter einen Korridor entlang, bis an die letzte Tür desselben. Einen Blick noch warf sie durch eines der Fenster, vor dem im Abendschein die Schwalben kreuzten; dann drückte sie die Klinke auf.

Es war das Studierzimmer ihres Vaters, das sie sonst in seiner Abwesenheit nicht zu betreten pflegte; nun war sie ganz allein zwischen den hohen Repositorien, die mit ihren unzähligen Büchern so ehrfurchtgebietend umherstanden. Als sie zögernd die Tür hinter sich zugedrückt hatte, wurde unter einem zur Linken von dersel-

ben befindlichen Fenster der mächtige Anschlag eines Hundes laut. Ein Lächeln flog über die ernsten Züge des Kindes; sie ging rasch an das Fenster und blickte hinaus. Drunten breitete sich der große Garten des Hauses in weiten Rasen- und Gebüschpartien aus; aber ihr vierbeiniger Freund schien schon andere Wege eingeschlagen zu haben; so sehr sie spähte, nichts war zu entdecken. Und wie Schatten fiel es allmählich wieder über das Gesicht des Kindes; sie war ja zu was anderem hergekommen; was ging sie jetzt der Nero an!

Nach Westen hinaus, der Tür, durch welche sie eingetreten, gegenüber, hatte das Zimmer noch ein zweites Fenster. An der Wand daneben, sodass das Licht dem daran Sitzenden zur Hand fiel, befand sich ein großer Schreibtisch mit dem ganzen Apparat eines gelehrten Altertumsforschers; Bronzen und Terrakotten aus Rom und Griechenland, kleine Modelle antiker Tempel und Häuser und andere dem Schutt der Vergangenheit entstiegene

Die „hohen Repositorien" mit „ihren unzähligen Büchern" (hier: im Poetenstübchen des Husumer Storm-Hauses)

Dinge, füllten fast den ganzen Aufsatz desselben. Darüber aber, wie aus blauen Frühlingslüften heraustretend, hing das lebensgroße Brustbild einer jungen Frau; gleich einer Krone der Jugend lagen die goldblonden Flechten über der klaren Stirn. – „Holdselig", dies veraltete Wort hatten ihre Freunde für sie wieder hervorgesucht; – einst, da sie noch an der Schwelle dieses Hauses mit ihrem Lächeln die Eintretenden begrüßte. – Und so blickte sie noch jetzt im Bilde mit ihren blauen Kinderaugen von der Wand herab; nur um den Mund spielte ein leichter Zug von Wehmut, den man im Leben nicht an ihr gesehen hatte. Der Maler war auch derzeit wohl darum gescholten worden; später, da sie gestorben, schien es allen recht zu sein.

Das kleine schwarzhaarige Mädchen kam mit leisen Schritten näher; mit leidenschaftlicher Innigkeit hingen ihre Augen an dem schönen Bildnis.

„Mutter, meine Mutter!", sprach sie flüsternd; doch so, als wolle mit den Worten sie sich zu ihr drängen.

Das schöne Antlitz schaute, wie zuvor, leblos von der Wand herab; sie aber kletterte, behänd wie eine Katze, über den davor stehenden Sessel auf den Schreibtisch und stand jetzt mit trotzig aufgeworfenen Lippen vor dem Bilde, während ihre zitternden Hände die geraubte Rose hinter der unteren Leiste des Goldrahmens zu befestigen suchten. Als ihr das gelungen war, stieg sie rasch wieder zurück und wischte mit ihrem Schnupftuch sorgsam die Spuren ihrer Füßchen von der Tischplatte.

Aber es war, als könne sie jetzt aus dem Zimmer, das sie zuvor so scheu betreten hatte, nicht wieder fortfinden; nachdem sie schon einige Schritte nach der Tür getan hatte, kehrte sie wieder um; das westliche Fenster neben dem Schreibtische schien diese Anziehungskraft auf sie zu üben.

Auch hier lag unten ein Garten, oder richtiger, eine Gartenwildnis. Der Raum war freilich klein; denn wo das wuchernde Gebüsch sie nicht verdeckte, war von allen Seiten die hohe Umfassungsmauer sichtbar. An dieser, dem Fenster gegenüber, befand sich, in augenscheinlichem Verfall, eine offene Rohrhütte; davor, von dem grünen Gespinste einer Klematis fast bedeckt, stand noch ein Gartenstuhl. Der Hütte gegenüber musste einst eine Partie von hochstämmigen Rosen gewesen sein; aber sie hingen jetzt wie verdorrte Reiser an den entfärbten Blumenstöcken, während unter ihnen mit unzähligen Rosen bedeckte Zentifolien ihre fallenden Blätter auf Gras und Kraut umherstreuten.

Die Kleine hatte die Arme auf die Fensterbank und das Kinn in ihre beiden Hände gestützt und schaute mit sehnsüchtigen Augen hinab.

Drüben in der Rohrhütte flogen zwei Schwalben aus und ein; sie mussten wohl ihr Nest darin gebaut haben. Die andern Vögel waren schon zur Ruhe gegangen; nur ein Rotbrüstchen sang dort noch herzhaft von dem höchsten Zweige des abgeblühten Goldregens und sah das Kind mit seinen schwarzen Augen an.

– „Nesi, wo steckst du denn!", sagte sanft eine alte Stimme, während eine Hand sich liebkosend auf das Haupt des Kindes legte.

Die alte Dienerin war unbemerkt hereingetreten. Das Kind wandte den Kopf und sah sie mit einem müden Ausdruck an. „Anne", sagte es, „wenn ich nur einmal wieder in Großmutters Garten dürfte!"

Die Alte antwortete nicht darauf; sie kniff nur die Lippen zusammen und nickte ein

*Die „Wasserreihe" in Husum
(Nr. 31: Storm-Haus)*

paar Mal wie zur Beistimmung. „Komm, komm!", sagte sie dann. „Wie siehst du aus! Gleich werden sie da sein, dein Vater und deine neue Mutter!" Damit zog sie das Kind in ihre Arme und strich und zupfte ihr Haar und Kleider zurecht. –

„Nein, nein, Neschen! Du darfst nicht weinen; es soll eine gute Dame sein, und schön, Nesi; du siehst ja gern die schönen Leute!"

In diesem Augenblick tönte das Rasseln eines Wagens von der Straße herauf. Das Kind zuckte zusammen; die Alte aber fasste es bei der Hand und zog es rasch mit

sich aus dem Zimmer. – Sie kamen noch früh genug, um den Wagen vorfahren zu sehen; die beiden Mägde hatten schon die Haustür aufgeschlagen.
– Das Wort der alten Dienerin schien sich zu bestätigen. Von einem etwa vierzigjährigen Manne, in dessen ernsten Zügen man Nesis Vater leicht erkannte, wurde eine junge schöne Frau aus dem Wagen gehoben. Ihr Haar und ihre Augen waren fast so dunkel wie die des Kindes, dessen Stiefmutter sie geworden war; ja man hätte sie, flüchtig angesehen, für die rechte halten können, wäre sie dazu nicht zu jung gewesen. Sie grüßte freundlich, während ihre Augen wie suchend umherblickten; aber ihr Mann führte sie rasch ins Haus und in das untere Zimmer, wo sie von dem frischen Rosenduft empfangen wurde.
„Hier werden wir zusammen leben", sagte er, indem er sie in einen weichen Sessel niederdrückte, „verlass dies Zimmer nicht, ohne hier die erste Ruhe in deinem neuen Heim gefunden zu haben!" Sie blickte innig zu ihm auf. „Aber du – willst du nicht bei mir bleiben?"

Das „Wohnzimmer" (das sog. Viola tricolor-Zimmer im Storm-Haus)

– „Ich hole dir das Beste von den Schätzen unseres Hauses."

„Ja, ja, Rudolf, deine Agnes! Wo war sie denn vorhin?"

Er hatte das Zimmer schon verlassen. Den Augen des Vaters war es nicht entgangen, dass bei ihrer Ankunft Nesi sich hinter der alten Anne versteckt gehalten hatte; nun, da er sie wie verloren draußen auf dem Hausflur stehend fand, hob er sie auf beiden Armen in die Höhe und trug sie so in das Zimmer.

– „Und hier hast du die Nesi!", sagte er und legte das Kind zu den Füßen der schönen Stiefmutter auf den Teppich; dann, als habe er Weiteres zu besorgen, ging er hinaus; er wollte die beiden allein sich finden lassen.

Nesi richtete sich langsam auf und stand nun schweigend vor der jungen Frau; beide sahen sich unsicher und prüfend in die Augen. Letztere, die wohl ein freundliches Entgegenkommen als selbstverständlich vorausgesetzt haben mochte, fasste endlich die Hände des Mädchens und sagte ernst: „Du weißt doch, dass ich jetzt deine Mutter bin, wollen wir uns nicht lieb haben, Agnes?"

Nesi blickte zur Seite.

„Ich darf aber doch Mama sagen?", fragte sie schüchtern.

– „Gewiss, Agnes, sag, was du willst, Mama oder Mutter, wie es dir gefällt!"

Das Kind sah verlegen zu ihr auf und erwiderte beklommen: „Mama könnte ich gut sagen!"

Die junge Frau warf einen raschen Blick auf sie und heftete ihre dunklen Augen in die noch dunkleren des Kindes. „Mama; aber nicht Mutter?", fragte sie.

„Meine Mutter ist ja tot", sagte Nesi leise.

In unwillkürlicher Bewegung stießen die Hände der jungen Frau das Kind zurück; aber sie zog es gleich und heftig wieder an ihre Brust.

„Nesi", sagte sie, „Mutter und Mama ist ja dasselbe!"

Nesi aber erwiderte nichts; sie hatte die Verstorbene immer nur Mutter genannt.

– Das Gespräch war zu Ende. Der Hausherr war wieder eingetreten, und da er sein Töchterchen in den Armen seiner jungen Frau erblickte, lächelte er zufrieden.

„Aber jetzt komm", sagte er heiter, indem er der Letzteren seine Hand entgegenstreckte, „und nimm als Herrin Besitz von allen Räumen dieses Hauses!"

Das „Arbeitszimmer" (Storms sog. Poetenstübchen im Storm-Haus)

Und sie gingen miteinander fort; durch die Zimmer des unteren Hauses, durch Küche und Keller, dann die breite Treppe hinauf in einen großen Saal und in die kleineren Stuben und Kammern, die nach beiden Seiten der Treppe auf den Korridor hinausgingen.

Der Abend dunkelte schon; die junge Frau hing immer schwerer an dem Arm ihres Mannes, es war fast, als sei mit jeder Tür, die sich vor ihr geöffnet, eine neue Last auf ihre Schultern gefallen; immer einsilbiger wur-

den seine froh hervorströmenden Worte erwidert. Endlich, da sie vor der Tür seines Arbeitszimmers standen, schwieg auch er und hob den schönen Kopf zu sich empor, der stumm an seiner Schulter lehnte.

„Was ist dir, Ines?", sagte er, „du freust dich nicht!"

„O doch, ich freue mich!"

„So komm!"

Als er die Tür geöffnet hatte, schien ihnen ein mildes Licht entgegen. Durch das westliche Fenster leuchtete der Schein des Abendgoldes, das drüben jenseits der Büsche des kleinen Gartens stand. – In diesem Lichte blickte das schöne Bild der Toten von der Wand herab; darunter auf dem matten Gold des Rahmens lag wie glühend die frische rote Rose.

Die junge Frau griff unwillkürlich mit der Hand nach ihrem Herzen und starrte sprachlos auf das süße lebensvolle Bild. Aber schon hatten die Arme ihres Mannes sie fest umfangen.

„Sie war einst mein Glück", sagte er, „sei du es jetzt!"

Sie nickte, aber sie schwieg und rang nach

Constanze Storm, die erste Frau des Dichters, Ölgemälde von Nicolai Sunde

Atem. Ach, diese Tote lebte noch, und für sie beide war doch nicht Raum in einem Hause!

Wie zuvor, da Nesi hier gewesen, tönte jetzt wieder aus dem großen, zu Norden belegenen Garten die mächtige Stimme eines Hundes.

Mit sanfter Hand wurde die junge Frau von ihrem Gatten an das dorthinaus liegende Fenster geführt. „Sieh einmal hier hinab!", sagte er.

Drunten auf dem Steige, der um den großen Rasen führte, saß ein schwarzer Neufundländer; vor ihm stand Nesi und beschrieb mit einer ihrer schwarzen Flechten einen immer engeren Kreis um seine Nase. Dann warf der Hund den Kopf zurück und bellte, und Nesi lachte und begann das Spiel von neuem.

Auch der Vater, der diesem kindlichen Treiben zusah, musste lächeln; aber die junge Frau an seiner Seite lächelte nicht, und wie eine trübe Wolke flog es über ihn hin. ‚Wenn es die Mutter wäre!', dachte er; laut aber sagte er: „Das ist unser Nero, den musst du auch noch kennen lernen, Ines; der und Nesi sind gute Kameraden, sogar vor ihren Puppenwagen lässt sich das Ungeheuer spannen."

Sie blickte zu ihm auf. „Hier ist so viel, Rudolf", sagte sie wie zerstreut; „wenn ich nur durchfinde!"

– „Ines, du träumst! Wir und das Kind, der Hausstand ist ja so klein wie möglich."

„Wie möglich?", wiederholte sie tonlos, und ihre Augen folgten dem Kinde, das jetzt mit dem Hunde um den Rasen jagte; dann plötzlich, wie in Angst zu ihrem Mann emporsehend, schlang sie die Arme um seinen Hals und bat: „Halte mich fest, hilf mir! Mir ist so schwer."

Wochen, Monate waren vergangen. – Die Befürchtungen der jungen Frau schienen sich nicht zu verwirklichen; wie von selber ging die Wirtschaft unter ihrer Hand. Die Dienerschaft fügte sich gern ihrem zugleich freundlichen und vornehmen Wesen, und auch wer von außen hinzutrat, fühlte, dass jetzt wieder eine dem Hausherrn ebenbürtige Frau im Innern walte. Für die schärfer blickenden Augen ihres Mannes freilich war es anders; er erkannte nur zu sehr, dass sie mit den Dingen seines Hauses wie mit Fremdem verkehre, woran sie keinen Teil habe, das als gewissenhafte Stellvertreterin sie nur um desto sorgsamer verwalten müsse. Es konnte den erfahrenen Mann nicht beruhigen, wenn sie sich zuweilen mit heftiger Innigkeit in seine Arme drängte, als müsse sie sich versichern, dass sie ihm, er ihr gehöre.

Auch zu Nesi hatte ein näheres Verhältnis sich nicht gebildet. Eine innere Stimme – der Liebe und der Klugheit – gebot der jungen Frau, mit dem Kinde von seiner Mutter zu sprechen, an die es die Erinnerung so lebendig, seit die Stiefmutter ins Haus getreten war, so hartnäckig bewahrte. Aber – das war es ja! Das süße Bild, das droben in ihres Mannes Zimmer hing – selbst ihre inneren Augen vermieden, es zu sehen. Wohl hatte sie mehrmals schon den Mut gefasst; sie hatte das Kind mit beiden Händen an sich gezogen, dann aber war sie verstummt; ihre Lippen hatten ihr den Dienst versagt, und Nesi, deren dunkle Augen bei solcher herzlichen Bewegung freudig aufgeleuchtet, war traurig wieder fortgegangen. Denn seltsam, sie sehnte sich nach der Liebe dieser schönen Frau; ja, wie Kinder pflegen, sie betete sie im Stillen an. Aber ihr fehlte die Anrede, die der Schlüssel jedes herzlichen Gespräches ist; das eine – so war ihr – durfte sie, das andere konnte sie nicht sagen.

Auch dieses letzte Hemmnis fühlte Ines, und da es das am leichtesten zu beseitigende schien, so kehrten ihre Gedanken immer wieder auf diesen Punkt zurück.

So saß sie eines Nachmittags neben ihrem Mann im Wohnzimmer und blickte in den Dampf, der leise singend aus der Teemaschine aufstieg.

Rudolf, der eben seine Zeitung durchgelesen hatte, ergriff ihre Hand. „Du bist so still, Ines; du hast mich heute nicht ein einzig Mal gestört!"

„Ich hätte wohl etwas zu sagen", erwiderte sie zögernd, indem sie ihre Hand aus der seinen löste.

„So sag es denn!"

Aber sie schwieg noch eine Weile.

„Rudolf", sagte sie endlich, „lass dein Kind mich Mutter nennen!"

„Und tut sie denn das nicht?"

Sie schüttelte den Kopf und erzählte ihm, was am Tage ihrer Ankunft vorgefallen war.

Er hörte ihr ruhig zu. „Es ist ein Ausweg", sagte er dann, „den hier die Kinderseele unbewusst gefunden hat. Wollen wir ihn nicht dankbar gelten lassen?"

Die junge Frau antwortete nicht darauf, sie sagte nur: „So wird das Kind mir niemals nahe kommen."

Er wollte wieder ihre Hand fassen, aber sie entzog sie ihm. „Ines", sagte er, „verlange nur nichts, was die Natur versagt; von Nesi nicht, dass sie dein Kind, und nicht von dir, dass du ihre Mutter seist!"

Die Tränen brachen ihr aus den Augen. „Aber, ich soll doch ihre Mutter sein", sagte sie fast heftig.

– „Ihre Mutter? Nein, Ines, das sollst du nicht." „Was soll ich denn, Rudolf?"

– Hätte sie die nahe liegende Antwort auf diese Frage jetzt verstehen können, sie würde sie sich selbst gegeben haben. Er fühlte das und sah ihr sinnend in die Augen, als müsse er dort die helfenden Worte finden.

„Bekenn es nur!", sagte sie, sein Schweigen missverstehend, „darauf hast du keine Antwort."

„O Ines!", rief er. „Wenn erst aus deinem eigenen Blut ein Kind auf deinem Schoße liegt!"

Sie machte eine abwehrende Bewegung; er aber sagte: „Die Zeit wird kommen, und du wirst fühlen, wie das Entzücken, das aus deinem Auge bricht, das erste Lächeln deines Kindes weckt und wie es seine kleine Seele zu dir zieht. – Auch über Nesi haben einst zwei selige Augen so geleuchtet; dann schlang sie den kleinen Arm um einen Nacken, der sich zu ihr niederbeugte, und sagte: ‚Mutter!' – Zürne nicht mit ihr, dass sie es zu keiner andern auf der Welt mehr sagen kann!"

Ines hatte seine Worte kaum gehört; ihre Gedanken verfolgten nur den einen Punkt. „Wenn du sagen kannst: Sie ist ja nicht dein Kind, warum sagst du denn nicht auch: Du bist ja nicht mein Weib!"

Und dabei blieb es. Was gingen sie seine Gründe an!

Er zog sie an sich; er suchte sie zu beruhigen; sie küsste ihn und sah ihn durch Tränen lächelnd an; aber geholfen war ihr damit nicht. – –

Als Rudolf sie verlassen hatte, ging sie hinaus in den großen Garten. Bei ihrem Eintritt sah sie Nesi mit einem Schulbuche in der Hand um den breiten Rasen wandern, aber sie wich ihr aus und schlug einen Seitenweg ein, der zwischen Gebüsch an der Gartenmauer entlangführte.

Dem Kinde war beim flüchtigen Aufblick der Ausdruck von Trauer in den schönen Augen der Stiefmutter nicht entgangen, und, wie magnetisch nachgezogen, immer lernend und ihre Lektion vor sich her murmelnd, war auch sie allmählich in jenen Steig geraten.

Ines stand eben vor einer in der hohen Mauer befindlichen Pforte, die von einem Schlinggewächs mit lila Blüten fast verhangen war. Mit abwesenden Blicken ruhten ihre Augen darauf, und sie wollte schon ihre stille Wanderung wieder beginnen, als sie das Kind sich entgegenkommen sah.

Nun blieb sie stehen und fragte: „Was ist das für eine Pforte, Nesi?"

– „Zu Großmutters Garten!"

„Zu Großmutters Garten? – Deine Großeltern sind doch schon lange tot!"

„Ja, schon lange, lange."

– „Und wem gehört denn jetzt der Garten?"

– „Uns!", sagte das Kind, als verstehe sich das von selbst.

Ines bog ihren schönen Kopf unter das Gesträuch und begann an der eisernen Klinke der Tür zu rütteln; Nesi stand schweigend dabei, als wolle sie den Erfolg dieser Bemühungen abwarten.

„Aber er ist ja verschlossen!", rief die

„… und begann an der eisernen Klinke der Tür zu rütteln"

junge Frau, indem sie abließ und mit dem Schnupftuch den Rost von ihren Fingern wischte. „Ist es der wüste Garten, den man aus Vaters Stubenfenster sieht?" Das Kind nickte.

– „Horch nur, wie drüben die Vögel singen!"

Inzwischen war die alte Dienerin in den Garten getreten. Als sie die Stimmen der beiden von der Mauer her vernahm, beeilte sie sich, in ihre Nähe zu kommen. „Es ist Besuch drinnen", meldete sie.

Ines legte freundlich ihre Hand an Nesis Wange. „Vater ist ein schlechter Gärtner", sagte sie im Fortgehen; „da müssen wir beide noch hinein und Ordnung schaffen."

– Im Hause kam Rudolf ihr entgegen.

„Du weißt, das Müller'sche Quartett spielt heute Abend", sagte er; „die Doktorsleute sind da und wollen uns vor Unterlassungssünden warnen."

Als sie zu den Gästen in die Stube getreten waren, entspann sich ein langes, lebhaftes Gespräch über Musik; dann kamen häusliche Geschäfte, die noch besorgt werden mussten. Der wüste Garten war für heut vergessen.

Am Abend war das Konzert. – Die großen Toten, Haydn und Mozart, waren an den Hörern vorübergezogen, und eben verklang auch der letzte Akkord von Beethovens c-Moll-Quartett, und statt der feierlichen Stille, in der allein die Töne auf und nieder glänzten, rauschte jetzt das Geplauder der fortdrängenden Zuhörer durch den weiten Raum.

Rudolf stand neben dem Stuhle seiner jungen Frau. „Es ist aus, Ines", sagte er, sich zu ihr niederbeugend; „oder hörst du noch immer etwas?"

Sie saß noch wie horchend, ihre Augen nach dem Podium gerichtet, auf dem nur noch die leeren Pulte standen. Jetzt reichte sie ihrem Manne die Hand. „Lass uns heimgehen, Rudolf", sagte sie aufstehend.

An der Tür wurden sie von ihrem Hausarzte und dessen Frau aufgehalten, den einzigen Menschen, mit denen Ines bis jetzt in einen näheren Verkehr getreten war.

„Nun?", sagte der Doktor und nickte ihnen mit dem Ausdruck innerster Befriedigung zu. „Aber kommen Sie mit uns, es ist ja auf dem Wege; nach so etwas muss man noch ein Stündchen zusammensitzen."

Rudolf wollte schon mit heiterer Zustimmung antworten, als er sich leise am Ärmel gezupft fühlte und die Augen seiner Frau mit dem Ausdrucke dringenden Bittens auf sich gerichtet sah. Er verstand sie wohl. „Ich verweise die Entscheidung an die höhere Instanz", sagte er scherzend.

Und Ines wusste unerbittlich den nicht so leicht zu besiegenden Doktor auf einen andern Abend zu vertrösten.

Als sie am Hause ihrer Freunde sich von diesen verabschiedet hatten, atmete sie auf wie befreit.

Wohnzimmer der Dichterfamilie im Storm-Haus (Museum).

„Was hast du heute gegen unsere lieben Doktorsleute?", fragte Rudolf.

Sie drückte sich fest in den Arm ihres Mannes. „Nichts", sagte sie; „aber es war so schön heute Abend; ich muss nun ganz mit dir allein sein."

Sie schritten rascher ihrem Hause zu.

„Sieh nur", sagte er, „im Wohnzimmer unten ist schon Licht, unsere alte Anne wird den Teetisch schon gerüstet haben. Du

hattest Recht, daheim ist doch noch besser als bei andern."
Sie nickte nur und drückte ihm still die Hand. – Dann traten sie in ihr Haus; lebhaft öffnete sie die Stubentür und schlug die Vorhänge zurück.
Auf dem Tische, wo einst die Vase mit den Rosen gestanden hatte, brannte jetzt eine große Bronzelampe und beleuchtete einen schwarzhaarigen Kinderkopf, der schlafend auf die mageren Ärmchen hingesunken war; die Ecken eines Bilderbuches ragten nur eben darunter hervor.
Die junge Frau blieb wie erstarrt in der Tür stehen; das Kind war ganz aus ihrem Gedankenkreis verschwunden gewesen. Ein Zug herber Enttäuschung flog um ihre schönen Lippen. „Du, Nesi!", stieß sie hervor, als ihr Mann sie vollends in das Zimmer hineingeführt hatte. „Was machst du denn noch hier?"
Nesi erwachte und sprang auf. „Ich wollte auf euch warten", sagte sie, indem sie halb lächelnd mit der Hand über ihre blinzelnden Augen fuhr.
„Das ist unrecht von Anne; du hättest längst zu Bette sein sollen."
Ines wandte sich ab und trat an das Fenster; sie fühlte, wie ihr die Tränen aus den Augen quollen. Ein unentwirrbares Gemisch von bitteren Gefühlen wühlte in ihrer Brust; Heimweh, Mitleid mit sich selbst, Reue über ihre Lieblosigkeit gegen das Kind des geliebten Mannes; sie wusste selber nicht, was alles jetzt sie überkam; aber – und mit der Wollust und der Ungerechtigkeit des Schmerzes sprach sie es sich selbst vor – das war es: ihrer Ehe fehlte die Jugend, und sie selbst war doch noch so jung!
Als sie sich umwandte, war das Zimmer leer. – Wo war die schöne Stunde, auf die sie sich gefreut? – Sie dachte nicht daran, dass sie sie selbst verscheucht hatte.
– – Das Kind, welches mit fast erschreckten Augen dem ihm unverständlichen Vorgange zugesehen hatte, war von dem Vater still hinausgeführt worden.
‚Geduld!', sprach er zu sich selber, als er, den Arm um Nesi geschlungen, mit ihr die Treppe hinaufstieg; und auch er, in einem andern Sinne, setzte hinzu: ‚Sie ist ja noch so jung.'
Eine Kette von Gedanken und Plänen tauchte in ihm auf; mechanisch öffnete er das Zimmer, wo Nesi mit der alten Anne schlief und in dem sie von dieser schon erwartet wurde. Er küsste sie und sprach:

„Ich werde Mama von dir gute Nacht sagen." Dann wollte er zu seiner Frau hinabgehen; aber er kehrte wieder um und trat am Ende des Korridors in sein Studierzimmer.

Auf dem Aufsatze des Schreibtisches stand eine kleine Bronzelampe aus Pompeji, die er kürzlich erst erworben und Versuches halber mit Öl gefüllt hatte; er nahm sie herab, zündete sie an und stellte sie wieder an ihren Ort unter das Bildnis der Verstorbenen; ein Glas mit Blumen, das auf der Platte des Tisches gestanden, setzte er daneben. Er tat dies fast gedankenlos; nur, als müsse er auch seinen Händen zu tun geben, während es ihm in Kopf und Herzen arbeitete. Dann trat er dicht daneben an das Fenster und öffnete beide Flügel desselben.

Der Himmel war voll Wolken; das Licht des Mondes konnte nicht herabgelangen. Drunten in dem kleinen Garten lag das wuchernde Gesträuch wie eine dunkele Masse; nur dort, wo zwischen schwarzen pyramidenförmigen Koniferen der Steig zur Rohrhütte führte, schimmerte zwischen ihnen der weiße Kies hindurch.

Und aus der Phantasie des Mannes, der in diese Einsamkeit hinabsah, trat eine liebliche Gestalt, die nicht mehr den Lebenden angehörte; er sah sie unten auf dem Steige wandeln, und ihm war, als gehe er an ihrer Seite.

„Lass dein Gedächtnis mich zur Liebe stärken", sprach er; aber die Tote antwortete nicht; sie hielt den schönen, bleichen Kopf zur Erde geneigt; er fühlte mit süßem Schauder ihre Nähe, aber Worte kamen nicht von ihr.

Da bedachte er sich, dass er hier oben ganz allein stehe. Er glaubte an den vollen Ernst des Todes; die Zeit, wo sie gewesen, war vorüber. – Aber unter ihm lag noch wie einst der Garten ihrer Eltern; von seinen Büchern durch das Fenster sehend, hatte er dort zuerst das kaum fünfzehnjährige Mädchen erblickt; und das Kind mit den blonden Flechten hatte dem ernsten Manne die Gedanken fortgenommen, immer mehr, bis sie zuletzt als Frau die Schwelle seines Hauses überschritten und ihm alles und noch mehr zurückgebracht hatte. – Jahre des Glückes und freudigen Schaffens waren mit ihr eingezogen; den kleinen Garten aber, als die Eltern früh verstorben waren und das Haus verkauft wurde, hatten sie behalten und durch eine Pforte in der Grenzmauer mit

dem großen Garten ihres Hauses verbunden. Fast verborgen war schon damals die Pforte unter hängendem Gesträuch, das sie ungehindert wachsen ließen; denn sie gingen durch dieselbe in den traulichsten Ort ihres Sommerlebens, in welchen selbst die Freunde des Hauses nur selten hineingelassen wurden. – – In der Rohrhütte, in welcher er einst von seinem Fenster aus die jugendliche Geliebte über ihren Schularbeiten belauscht hatte, saß jetzt zu den Füßen der blonden Mutter ein Kind mit dunkeln, nachdenklichen Augen; und wenn er nun den Kopf von seiner Arbeit wandte, so tat er einen Blick in das vollste Glück des Menschenlebens. – – Aber heimlich hatte der Tod sein Korn hineingeworfen. Es war in den ersten Tagen eines Junimondes, da trug man das Bett der schwer Erkrankten aus dem daran liegenden Schlafgemach in das Arbeitszimmer ihres Mannes; sie wollte die Luft noch um sich haben, die aus dem Garten ihres Glückes durch das offene Fenster wehte. Der große Schreibtisch war beiseite gestellt;

„… ein Kirschbaum stand mit Blüten überschneit"

seine Gedanken waren nun alle nur bei ihr. – Draußen war ein unvergleichlicher Frühling aufgegangen; ein Kirschbaum stand mit Blüten überschneit. In unwillkürlichem Drange hob er die leichte Gestalt aus den Kissen und trug sie an das Fenster. „Oh, sieh es noch einmal! Wie schön ist doch die Welt!"

Aber sie wiegte leise ihren Kopf und sagte: „Ich sehe es nicht mehr." – –

Und bald kam es, da wusste er das Flüstern, welches aus ihrem Munde brach, nicht mehr zu deuten. Immer schwächer glimmte der Funken; nur ein schmerzliches Zucken bewegte noch die Lippen, hart und stöhnend im Kampfe um das Leben ging der Atem. Aber es wurde leiser, immer leiser, zuletzt süß wie Bienengetön. Dann noch einmal war's, als wandle ein blauer Lichtstrahl durch die offenen Augen; und dann war Frieden.

„Gute Nacht, Marie!" – Aber sie hörte es nicht mehr.

– – Noch ein Tag, und die stille, edle Gestalt lag unten in dem großen, dämmerigen Gemach in ihrem Sarge. Die Diener des Hauses traten leise auf; drinnen stand er neben seinem Kinde, das die alte Anne an der Hand hielt.

„Nesi", sagte diese, „du fürchtest dich doch nicht?"
Und das Kind, von der Erhabenheit des Todes angeweht, antwortete: „Nein, Anne, ich bete."
Dann kam der allerletzte Gang, welcher noch mit ihr zu gehen ihm vergönnt war; nach ihrer beider Sinn ohne Priester und Glockenklang, aber in der heiligen Morgenfrühe, die ersten Lerchen stiegen eben in die Luft.
Das war vorüber; aber er besaß sie noch in seinem Schmerze; wenn auch ungesehen, sie lebte noch mit ihm. Doch unbemerkt entschwand auch dies; er suchte sie oft mit Angst, aber immer seltener wusste er sie zu finden. Nun erst schien ihm sein Haus unheimlich leer und öde; in den Winkeln saß eine Dämmerung, die früher nicht dort gesessen hatte; es war so seltsam anders um ihn her; und sie war nirgends.
– – Der Mond war aus dem Wolkendust hervorgetreten und beleuchtete hell die unten liegende Gartenwildnis. Er stand noch immer an derselben Stelle, den Kopf gegen das Fensterkreuz gelehnt; aber seine Augen sahen nicht mehr, was draußen war.

Da öffnete sich hinter ihm die Tür, und eine Frau von dunkler Schönheit trat herein.
Das leise Rauschen ihres Kleides hatte den Weg zu seinem Ohr gefunden; er wandte den Kopf und sah sie forschend an.
„Ines!", rief er; er stieß das Wort hervor, aber er ging ihr nicht entgegen.
Sie war stehen geblieben. „Was ist dir, Rudolf? Erschrickst du vor mir?"
Er schüttelte den Kopf und versuchte zu lächeln. „Komm", sagte er, „lass uns hinuntergehen."
Aber während er ihre Hand fasste, waren ihre Augen auf das von der Lampe beleuchtete Bild und die daneben stehenden Blumen gefallen. – Wie ein plötzliches Verständnis flog es durch ihre Züge. – „Es ist ja bei dir wie in einer Kapelle", sagte sie, und ihre Worte klangen kalt, fast feindlich.
Er hatte alles begriffen. „O, Ines", rief er, „sind nicht auch dir die Toten heilig!"
„Die Toten! Wem sollten die nicht heilig sein! Aber, Rudolf" – und sie zog ihn wieder an das Fenster; ihre Hände zitterten, und ihre schwarzen Augen flimmerten vor Erregung –, „sag mir, die ich jetzt dein Weib bin, warum hältst du diesen Garten

verschlossen und lässest keines Menschen Fuß hinein?"

Sie zeigte mit der Hand in die Tiefe; der weiße Kies zwischen den schwarzen Pyramidensträuchern schimmerte gespenstisch; ein großer Nachtschmetterling flog eben darüber hin.

Er hatte schweigend hinabgeblickt. „Das ist ein Grab, Ines", sagte er jetzt, „oder, wenn du lieber willst, ein Garten der Vergangenheit."

Aber sie sah ihn heftig an. „Ich weiß das besser, Rudolf! Das ist der Ort, wo du bei *ihr* bist; dort auf dem weißen Steige wandelt ihr zusammen; denn sie ist nicht tot; noch eben, jetzt in dieser Stunde warst du bei ihr und hast mich, dein Weib, bei ihr verklagt. Das ist Untreue, Rudolf; mit einem Schatten brichst du mir die Ehe!"

Er legte schweigend den Arm um ihren Leib und führte sie, halb mit Gewalt, vom Fenster fort. Dann nahm er die Lampe von dem Schreibtisch und hielt sie hoch gegen das Bild empor. „Ines, wirf nur einen Blick auf sie!"

Und als die unschuldigen Augen der Toten auf sie herabblickten, brach sie in einen Strom von Tränen aus. „O, Rudolf, ich fühle es, ich werde schlecht!"

„Weine nicht so", sagte er. „Auch ich habe unrecht getan; aber habe auch du Geduld mit mir!" – Er zog ein Schubfach seines Schreibtisches auf und legte einen Schlüssel in ihre Hand. „Öffne du den Garten wieder, Ines! – – Gewiss, es macht mich glücklich, wenn dein Fuß der erste ist, der wieder ihn betritt. Vielleicht, dass im Geiste sie dir dort begegnet und mit ihren milden Augen dich so lange ansieht, bis du schwesterlich den Arm um ihren Nacken legst!"

Sie sah unbeweglich auf den Schlüssel, der noch immer in ihrer offenen Hand lag.

„Nun, Ines, willst du nicht annehmen, was ich dir gegeben habe?"

Sie schüttelte den Kopf.

„Noch nicht, Rudolf, ich kann noch nicht, später – später; dann wollen wir zusammen hineingehen." Und indem ihre schönen dunkeln Augen bittend zu ihm aufblickten, legte sie still den Schlüssel auf den Tisch.

Ein Samenkorn war in den Boden gefallen, aber die Zeit des Keimens lag noch fern. Es war im November. – Ines konnte endlich nicht mehr daran zweifeln, dass auch sie Mutter werden solle, Mutter eines eigenen Kindes. Aber zu dem Entzücken, das sie bei dem Bewusstsein überkam, gesellte sich bald ein anderes. Wie ein unheimliches Dunkel lag es auf ihr, aus dem allmählich sich ein Gedanke gleich einer bösen Schlange emporwand. Sie suchte ihn zu verscheuchen, sie flüchtete sich vor ihm zu allen guten Geistern ihres Hauses, aber er verfolgte sie, er kam immer wieder und immer mächtiger. War sie nicht nur von außen wie eine Fremde in dies Haus getreten, das schon ohne sie ein fertiges Leben in sich schloss? – Und eine zweite Ehe – gab es denn überhaupt eine solche? Musste die erste, die einzige, nicht bis zum Tode beider fortdauern? – Nicht nur bis zum Tode! Auch weiter – weiter, bis in alle Ewigkeit! Und wenn das? – Die heiße Glut schlug ihr ins Gesicht; sich selbst zerfleischend, griff sie nach den härtesten Worten. – Ihr Kind – ein Eindringling, ein Bastard würde es im eigenen Vaterhause sein!

Wie vernichtet ging sie umher; ihr junges Glück und Leid trug sie allein; und wenn der, welcher den nächsten Anspruch hatte, es mit ihr zu teilen, sie besorgt und fragend anblickte, so schlossen sich ihre Lippen wie in Todesangst.

– – In dem gemeinschaftlichen Schlafgemache waren die schweren Fenstervorhänge heruntergelassen, nur durch eine schmale Lücke zwischen denselben stahl sich ein Streifen Mondlicht herein. Unter quälenden Gedanken war Ines eingeschlafen, nun kam der Traum; da wusste sie es: sie konnte nicht bleiben, sie musste fort aus diesem Hause, nur ein kleines Bündelchen wollte sie mitnehmen, dann fort, weit weg – – zu ihrer Mutter, auf Nimmerwiederkehr! Aus dem Garten, hinter den Fichten, welche die Rückwand desselben bildeten, führte ein Pförtchen in das Freie; den Schlüssel hatte sie in ihrer Tasche, sie wollte fort – – gleich. – –

Der Mond rückte weiter, von der Bettstatt auf das Kissen, und jetzt lag ihr schönes Antlitz voll beleuchtet in seinem blassen Schein. – Da richtete sie sich auf. Geräuschlos entstieg sie dem Bett und trat mit nackten Füßen in ihre davor stehenden Schuhe. Nun stand sie mitten im Zimmer in ihrem weißen Schlafgewand; ihr dunkles Haar hing, wie sie es nachts zu ordnen pflegte, in zwei langen Flechten über ihre Brust. Aber ihre sonst so elastische Gestalt schien wie zusammengesunken; es war, als liege noch die Last des Schlafes auf ihr. Tastend, mit vorgestreckten Händen,

„Dann klang unten im Flure das Schloss der Hoftür, kalte Luft blies sie an"

glitt sie durch das Zimmer, aber sie nahm nichts mit, kein Bündelchen, keinen Schlüssel. Als sie mit den Fingern über die auf einem Stuhle liegenden Kleider ihres Mannes streifte, zögerte sie einen Augenblick, als gewinne eine andere Vorstellung in ihr Raum; gleich darauf aber schritt sie leise und feierlich zur Stubentür hinaus und weiter die Treppe hinab. Dann klang unten im Flure das Schloss der Hoftür, kalte Luft blies sie an, der Nachtwind hob die schweren Flechten auf ihrer Brust.

– – Wie sie durch den finstern Wald gekommen, der hinter ihr lag, das wusste sie nicht; aber jetzt hörte sie es überall aus dem Dickicht hervorbrechen; die Verfolger waren hinter ihr. Vor ihr erhob sich ein großes Tor; mit aller Macht ihrer kleinen Hände stieß sie den einen Flügel auf; eine öde, unabsehbare Heide dehnte sich vor ihr aus, und plötzlich wimmelte es von großen schwarzen Hunden, die in emsigem Laufe gegen sie daherrannten; sie sah die roten Zungen aus ihren dampfenden Rachen hängen, sie hörte ihr Gebell immer näher – tönender – –

Da öffneten sich ihre halb geschlossenen Augen, und allmählich begann sie es zu fassen. Sie erkannte, dass sie eben innerhalb des großen Gartens stehe; ihre eine Hand hielt noch die Klinke der eisernen Gittertür. Der Wind spielte mit ihrem leichten Nachtgewande; von den Linden, welche zur Seite des Einganges standen, wirbelte ein Schauer von gelben Blättern auf sie herab. – Doch – was war das? – Drüben aus den Tannen, ganz wie sie es vorhin zu hören glaubte, erscholl auch jetzt das Bellen eines Hundes, sie hörte deutlich etwas durch die dürren Zweige brechen. Eine Todesangst überfiel sie. – Und wieder erscholl das Gebell.

„Nero", sagte sie; „es ist Nero."

Aber sie hatte sich mit dem schwarzen Hüter des Hauses nie befreundet, und unwillkürlich lief ihr das wirkliche Tier mit den grimmigen Hunden des Traumes in eins zusammen; und jetzt sah sie ihn von jenseit des Rasens in großen Sprüngen auf sich zukommen. Doch er legte sich vor ihr nieder, und jenes unverkennbare Winseln der Freude ausstoßend, leckte er ihre nackten Füße. Zugleich kamen Schritte vom Hofe her, und einen Augenblick darauf umfingen sie die Arme ihres Mannes; gesichert legte sie den Kopf an seine Brust.

Vom Gebell des Hundes aufgewacht, hatte er mit jähem Schreck ihr Lager an seiner Seite leer gesehen. Ein dunkles Wasser glitzerte plötzlich vor seinem inneren Auge; es lag nur tausend Schritte hinter ihrem Garten an einem Feldweg unter dichten Erlenbüschen. Wie vor einigen Tagen sah er sich mit Ines an dem grünen Uferrande stehen; er sah sie bis in das Schilf hinabgehen und einen Stein, den sie vorhin am Wege aufgesammelt, in die Tiefe werfen. „Komm zurück, Ines!", hatte er gerufen, „es ist nicht sicher dort." Aber sie war noch immer stehen geblieben, mit den schwermütigen Augen in die Kreise starrend, welche langsam auf dem schwarzen Wasserspiegel ausliefen. „Das ist wohl unergründlich?", hatte sie gefragt, da er sie endlich in seinen Armen fortgerissen.

Das alles war in wilder Flucht durch seinen Kopf gegangen, als er die Treppe nach dem Hofe hinabgestürmt. – Auch damals waren sie durch den Garten von ihrem Hause fortgegangen, und jetzt traf er sie hier, fast unbekleidet, das schöne Haar vom Nachttau feucht, der noch immer von den Bäumen tropfte.

Er hüllte sie in den Plaid, welchen er sich selbst vorm Hinuntergehen übergeworfen hatte. „Ines", sagte er – das Herz schlug ihm so gewaltig, dass er das Wort fast rau hervorstieß –, „was ist das? Wie bist du hierher gekommen?"

Sie schauerte in sich zusammen.

„Ich weiß nicht, Rudolf – – ich wollte fort – mir träumte; o, Rudolf, es muss etwas Furchtbares gewesen sein!"

„Dir träumte? Wirklich, dir träumte!", wiederholte er und atmete auf, wie von einer schweren Last befreit.

Sie nickte nur und ließ sich wie ein Kind

„… in die Kreise starrend, welche langsam auf dem schwarzen Wasserspiegel ausliefen"

ins Haus und in das Schlafgemach zurückführen.

Als er sie hier sanft aus seinen Armen ließ, sagte sie: „Du bist so stumm, du zürnst gewiss?"

„Wie sollt ich zürnen, Ines! Ich hatte Angst um dich. Hast du schon früher so geträumt?"

Sie schüttelte erst den Kopf, bald aber besann sie sich. „Doch – – einmal; nur war nichts Schreckliches dabei."

Er trat ans Fenster und zog die Vorhänge zurück, sodass das Mondlicht voll ins Zimmer strömte.

„Ich muss dein Antlitz sehen", sagte er, indem er sie auf die Kante ihres Bettes niederzog und sich dann selbst an ihre Seite setzte. „Willst du mir nun erzählen, was dir damals Liebliches geträumt hat? Du brauchst nicht laut zu sprechen; in diesem zarten Lichte trifft auch der leiseste Ton das Ohr."

Sie hatte den Kopf an seine Brust gelegt und sah zu ihm empor. „Wenn du es wissen willst", sagte sie nachsinnend. „Es war, glaub ich, an meinem dreizehnten Geburtstag; ich hatte mich ganz in das Kind, in den kleinen Christus, verliebt, ich mochte meine Puppen nicht mehr ansehen."

„In den kleinen Christus, Ines?"

„Ja, Rudolf", und sie legte sich wie zur Ruhe noch fester in seinen Arm; „meine Mutter hatte mir ein Bild geschenkt, eine Madonna mit dem Kinde; es hing hübsch eingerahmt über meinem Arbeitstischchen in der Wohnstube."

„Ich kenne es", sagte er, „es hängt ja noch dort; deine Mutter wollte es behalten zur Erinnerung an die *kleine* Ines."

– „O meine liebe Mutter!"

Er zog sie fester an sich; dann sagte er: „Darf ich weiter hören, Ines?"

– „Doch! Aber ich schäme mich, Rudolf."

Und dann leise und zögernd fortfahrend: „Ich hatte an jenem Tage nur Augen für das Christkind; auch nachmittags, als meine Gespielinnen da waren; ich schlich mich heimlich hin und küsste das Glas vor seinem kleinen Munde – – es war mir ganz, als wenn's lebendig wäre – – hätte ich es nur auch wie die Mutter auf dem Bild in meine Arme nehmen können!" – Sie schwieg; ihre Stimme war bei den letzten Worten zu einem flüsternden Hauch herabgesunken.

„Und dann, Ines?", fragte er. „Aber du erzählst mir so beklommen!"

– „Nein, nein, Rudolf! Aber – – in der Nacht, die darauf folgte, muss ich auch im Traume aufgestanden sein; denn am andern Morgen fanden sie mich in meinem Bette, das Bild in beiden Armen, mit meinem Kopf auf dem zerdrückten Glase eingeschlafen."

Eine Weile war es totenstill im Zimmer.

– – „Und jetzt?", fragte er ahnungsvoll und sah ihr tief und herzlich in die Augen. „Was hat dich heute denn von meiner Seite in die Nacht hinausgetrieben?"

„Jetzt, Rudolf?" – – Er fühlte, wie ein Zittern über alle ihre Glieder lief. Plötzlich schlang sie die Arme um seinen Hals, und mit erstickter Stimme flüsterte sie angstvolle und verworrene Worte, deren Sinn er nicht verstehen konnte.

„... als er die Treppe nach dem Hofe hinabgestürmt" (im Storm-Haus)

„Ines, Ines!", sagte er und nahm ihr schönes kummervolles Antlitz in seine beiden Hände.
– „O Rudolf! Lass mich sterben; aber verstoße nicht unser Kind!"
Er war vor ihr aufs Knie gesunken und küsste ihr die Hände. Nur die Botschaft hatte er gehört und nicht die dunkeln Worte, in denen sie ihm verkündigt wurde; von seiner Seele flogen alle Schatten fort, und hoffnungsreich zu ihr emporschauend, sprach er leise:
„Nun muss sich alles, alles wenden!"

Die Zeit ging weiter, aber die dunkeln Gewalten waren noch nicht besiegt. Nur mit Widerstreben fügte Ines die noch aus Nesis Wiegenzeit vorhandenen Dinge der kleinen Ausrüstung ein, und manche Träne fiel in die kleinen Mützen und Jäckchen, an welchen sie jetzt stumm und eifrig nähte.
– – Auch Nesi war es nicht entgangen, dass etwas Ungewöhnliches sich vorbereite. Im Oberhause, nach dem großen Garten hinaus, stand plötzlich eine Stube fest verschlossen, in der sonst ihre Spielsachen aufbewahrt gewesen waren; sie hatte durchs Schlüsselloch hineingeguckt; eine Dämmerung, eine feierliche Stille

Puppenwiege für Storms Tochter („Dodo" „1877") im Museum

schien darin zu walten. Und als sie ihre Puppenküche, die man auf den Korridor hinausgesetzt hatte, mit Hülfe der alten Anne auf den Hausboden trug, suchte sie dort vergebens nach der Wiege mit dem grünen Taffetschirme, welche, solange sie

denken konnte, hier unter dem schrägen Dachfenster gestanden hatte. Neugierig spähte sie in alle Winkel.

„Was gehst du herum wie ein Kontrolleur?", sagte die Alte.

– „Ja, Anne, wo ist aber meine Wiege geblieben?"

Die Alte blickte sie mit schlauem Lächeln an. „Was meinst", sagte sie, „wenn dir der Storch noch so ein Brüderchen brächte?" Nesi sah betroffen auf; aber sie fühlte sich durch diese Anrede in ihrer elfjährigen Würde gekränkt. „Der Storch?", sagte sie verächtlich.

„Nun freilich, Nesi."

– „Du musst nicht so was zu mir sprechen, Anne. Das glauben die kleinen Kinder; aber ich weiß wohl, dass es dummes Zeug ist."

„So? – Wenn du es besser weißt, Mamsell Naseweis, woher kommen denn die Kinderchen, wenn nicht der Storch sie bringt, der es doch schon die Tausende von Jahren her besorgt hat?"

– „Sie kommen vom lieben Gott", sagte Nesi pathetisch. „Sie sind auf einmal da."

„Bewahr uns in Gnaden!", rief die Alte. „Was doch die Guckindiewelte heutzutage klug sind! Aber du hast Recht, Nesi; wenn du's gewiss weißt, dass der liebe Gott den Storch vom Amte gesetzt hat, – ich glaub's selber, er wird es schon allein besorgen können. – Nun aber – wenn's denn so auf einmal da war, das Brüderchen – oder wolltest du lieber ein Schwesterlein? – würd's dich freuen, Neschen?"

Nesi stand vor der Alten, die sich auf einen Reisekoffer niedergelassen hatte; ein Lächeln verklärte ihr ernstes Gesichtchen, dann aber schien sie nachzusinnen.

„Nun, Neschen", forschte wieder die Alte. „Würd's dich freuen, Neschen?"

„Ja, Anne", sagte sie endlich, „ich möchte wohl eine kleine Schwester haben, und Vater würde sich gewiss auch freuen; aber – –"

„Nun, Neschen, was hast du noch zu abern?" „Aber", wiederholte Nesi und hielt dann wieder einen Augenblick wie grübelnd inne; – „das Kind würde ja dann doch keine Mutter haben!"

„Was?", rief die Alte ganz erschrocken und strebte mühsam von ihrem Koffer auf; „das Kind keine Mutter? Du bist mir zu gelehrt, Nesi; komm, lass uns hinabgehen! – Hörst du? Da schlägt's zwei! Nun mach, dass du in die Schule kommst!"

Schon brausten die ersten Frühlingsstürme um das Haus; die Stunde nahte. –
– ‚Wenn ich's nicht überlebte', dachte Ines, ‚ob er auch meiner dann gedenken würde?'

Mit scheuen Augen ging sie an der Tür des Zimmers vorüber, welches schweigend sie und ihr künftiges Geschick erwartete; leise trat sie auf, als sei darinnen etwas, was sie zu wecken fürchte.

Und endlich war dem Hause ein Kind, ein zweites Töchterchen, geboren. Von außen pochten die lichtgrünen Zweige an die Fenster; aber drinnen in dem Zimmer lag die junge Mutter bleich und entstellt; das warme Sonnenbraun der Wangen war verschwunden; aber in ihren Augen brannte ein Feuer, das den Leib verzehrte. Rudolf saß an dem Bett und hielt ihre schmale Hand in der seinen.

Jetzt wandte sie mühsam den Kopf nach der Wiege, die unter der Hut der alten Anne an der andern Seite des Zimmers stand. „Rudolf", sagte sie matt, „ich habe noch eine Bitte!"

– „Noch *eine*, Ines? Ich werde noch viel von dir zu bitten haben."

Sie sah ihn traurig an; nur eine Sekunde lang; dann flog ihr Auge hastig wieder nach der Wiege. „Du weißt", sagte sie, immer schwerer atmend, „es gibt kein Bild von mir! Du wolltest immer, es soll nur von einem guten Meister gemalt werden – – wir können nicht mehr warten auf die Meisterhand. – Du könntest einen Photographen kommen lassen, Rudolf; es ist ein wenig umständlich; aber – mein Kind, es wird

„Jetzt wandte sie mühsam den Kopf nach der Wiege" (Wiege im Storm-Museum)

mich nicht mehr kennen lernen; es muss doch wissen, wie die Mutter ausgesehen."
„Warte noch ein wenig!", sagte er und suchte einen mutigen Ton in seine Stimme zu legen. „Es würde dich jetzt zu sehr erregen; warte, bis deine Wangen wieder voller werden!"

Sie strich mit beiden Händen über ihr schwarzes Haar, das lang und glänzend auf dem Deckbette lag, indem sie einen fast wilden Blick im Zimmer umherwarf.
„Einen Spiegel!", sagte sie, indem sie sich völlig in den Kissen aufrichtete. „Bringt mir einen Spiegel!"
Er wollte wehren; aber schon hatte die Alte einen Handspiegel herbeigeholt und

auf das Bett gelegt. Die Kranke ergriff ihn hastig; aber als sie hineinblickte, malte sich ein heftiges Erschrecken in ihren Zügen; sie nahm ein Tuch und wischte an dem Glase; doch es wurde nicht anders; nur immer fremder starrte das kranke Leidensantlitz ihr entgegen.

„Wer ist das?", schrie sie plötzlich. „Das bin ich nicht! – O, mein Gott! Kein Bild, kein Schatten für mein Kind!"

Sie ließ den Spiegel fallen und schlug die mageren Hände vors Gesicht.

Da drang ein Weinen an ihr Ohr. Es war nicht ihr Kind, das ahnungslos in seiner Wiege lag und schlief; Nesi hatte sich unbemerkt hereingeschlichen; sie stand mitten im Zimmer und sah mit düsteren Augen auf die Stiefmutter, während sie schluchzend in ihre Lippe biss.

Ines hatte sie bemerkt. „Du weinst, Nesi?", fragte sie.

Aber das Kind antwortete nicht.

„Warum weinst du, Nesi?", wiederholte sie heftig.

Die Züge des Kindes wurden noch finsterer. „Um meine Mutter!", brach es fast trotzig aus dem kleinen Munde.

Die Kranke stutzte einen Augenblick; dann aber streckte sie die Arme aus dem Bett, und als das Kind, wie unwillkürlich, sich genähert hatte, riss sie es heftig an ihre Brust. „O Nesi, vergiss deine Mutter nicht!"

Da schlangen zwei kleine Arme sich um ihren Hals, und nur ihr verständlich, hauchte es: „Meine liebe, süße Mama!"

– „Bin ich deine liebe Mama, Nesi?"

Nesi antwortete nicht; sie nickte nur heftig in die Kissen.

„Dann, Nesi", und in traulich seligem Flüstern sprach es die Kranke, „vergiss auch mich nicht! O, ich will nicht gern vergessen werden!"

– – Rudolf hatte regungslos diesen Vorgängen zugesehen, die er nicht zu stören wagte; halb in tödlicher Angst, halb in stillem Jubel; aber die Angst behielt die Oberhand. Ines war in ihre Kissen zurückgesunken; sie sprach nicht mehr; sie schlief – plötzlich.

Nesi, die sich leise von dem Bett entfernt hatte, kniete vor der Wiege ihres Schwesterchens; voll Bewunderung betrachtete sie das winzige Händchen, das sich aus den Kissen aufreckte, und wenn das rote Gesichtlein sich verzog und der kleine unbeholfene Menschenlaut hervorbrach, dann leuchteten ihre Augen vor Entzücken. Rudolf, der still herangetreten war, legte liebkosend die Hand auf ihren Kopf; sie wandte sich um und küsste die andere Hand des Vaters; dann schaute sie wieder auf ihr Schwesterchen. –

Die Stunden rückten weiter. Draußen leuchtete der Mittagsschein, und die Vorhänge an den Fenstern wurden fester zugezogen. Längst schon saß er wieder an dem Bette der geliebten Frau, in dumpfer Erwartung; Gedanken und Bilder kamen und gingen; er schaute sie nicht an, er ließ sie kommen und gehen. Schon einmal früher war es so wie jetzt gewesen; ein unheimliches Gefühl befiel ihn; ihm war, als lebe er zum zweiten Mal. Er sah wieder den schwarzen Totenbaum aufsteigen und mit den düsteren Zweigen sein ganzes Haus bedecken. Angstvoll sah er nach der Kranken; aber sie schlummerte sanft; in ruhigen Atemzügen hob sich ihre Brust. Unter dem Fenster, in den blühenden Syringen sang ein kleiner Vogel immerzu; er hörte ihn nicht; er war bemüht, die trügerischen Hoffnungen fortzuscheuchen, die ihn jetzt umspinnen wollten.

Am Nachmittage kam der Arzt; er neigte sich über die Schlafende und nahm ihre Hand, die ein warmer feuchter Hauch bedeckte.

„Unter dem Fenster, in den blühenden Syringen" (Flieder)

Rudolf blickte gespannt in das Antlitz seines Freundes, dessen Züge den Ausdruck der Überraschung annahmen. „Schone mich nicht!", sagte er. „Lass mich alles wissen!"

Aber der Doktor drückte ihm die Hand. – „Gerettet!" – Das einzige Wort hatte er behalten. Er hörte auf einmal den Gesang des Vogels; das ganze Leben kam zurück–

geflutet. „Gerettet!" – Und er hatte auch sie schon verloren gegeben in die große Nacht; er hatte geglaubt, die heftige Erschütterung des Morgens müsse sie verderben; doch:

> Es ward ihr zum Heil,
> Es riss sie nach oben!

In diese Worte des Dichters fasste er all sein Glück zusammen; wie Musik klangen sie fort und fort in seinen Ohren.
– – Immer noch schlief die Kranke; immer noch saß er wartend an ihrem Bette. Nur die Nachtlampe dämmerte jetzt in dem stillen Zimmer; draußen aus dem Garten kam statt des Vogelsangs nun das Rauschen des Nachtwindes; manchmal wie Harfenton wehte es auf und zog vorüber; die jungen Zweige pochten leise an die Fenster.

„Ines!", flüsterte er; „Ines!" Er konnte es nicht lassen, ihren Namen auszusprechen. Da schlug sie die Augen auf und ließ sie fest und lange auf ihm ruhen, als müsse aus der Tiefe des Schlafes ihre Seele erst zu ihm hinauf gelangen.

„Du, Rudolf?", sagte sie endlich. „Und ich bin noch einmal wieder aufgewacht!"

Er blickte sie an und konnte sich nicht ersättigen an ihrem Anblick. „Ines", sagte er – fast demütig klang seine Stimme –, „ich sitze hier, und stundenlang schon trage ich das Glück wie eine schwere Last auf meinem Haupte; hilf es mir tragen, Ines!"

„Rudolf –!" Sie hatte sich mit einer kräftigen Bewegung aufgerichtet.

– „Du wirst leben, Ines!"

„Wer hat das gesagt?"

– „Dein Arzt, mein Freund; ich weiß, er hat sich nicht getäuscht."

„Leben! O mein Gott! Leben! – Für mein Kind, für dich!" – Es war, als käme ihr plötzlich eine Erinnerung; sie schlang die Hände um den Hals ihres Mannes und drückte sein Ohr an ihren Mund. „Und für deine – für euere, unsre Nesi!", flüsterte sie. Dann ließ sie seinen Nacken los, und seine beiden Hände ergreifend, sprach sie zu ihm sanft und liebevoll. „Mir ist so leicht!", sagte sie. „Ich weiß gar nicht mehr, warum alles sonst so schwer gewesen ist!" Und ihm zunickend: „Du sollst nur sehen, Rudolf; nun kommt die gute Zeit! Aber –" und sie hob den Kopf und brachte ihre Augen ganz dicht an die seinen – „ich muss teilhaben an deiner Vergangenheit, dein ganzes Glück musst du mir erzählen! Und, Rudolf, ihr süßes Bild soll in dem Zimmer hängen, das uns gemeinschaftlich gehört; sie muss dabei sein, wenn du mir erzählst!"

Er sah sie an wie ein Seliger.

„Ja, Ines; sie soll dabei sein!"

„Und Nesi! Ich erzähl ihr wieder von ihrer Mutter, was ich von dir gehört habe; – was für ihr Alter passt, Rudolf, nur das – –"

Er konnte nur stumm noch nicken.

„Wo ist Nesi?", fragte sie dann; „ich will ihr noch einen Gutenachtkuss geben!"

„Sie schläft, Ines", sagte er und strich sanft mit der Hand über ihre Stirn. „Es ist ja Mitternacht!"

„Mitternacht! So musst auch du nun schlafen! Ich aber – lache mich nicht aus, Rudolf –, mich hungert; ich muss essen! Und dann, nachher, die Wiege vor mein Bett; ganz nahe, Rudolf! Dann schlaf auch ich wieder; ich fühl's; gewiss, du kannst ganz ruhig fortgehen."

Er blieb noch.

„Ich muss erst eine Freude haben!", sagte er.

„Eine Freude?"

„Ja, Ines, eine ganz neue; ich will dich essen sehen!"

– „O du!"

– Und als ihm auch das geworden, trug er mit der Wärterin die Wiege vor das Bett.

„Und nun gute Nacht! Mir ist, als sollte ich noch einmal in unseren Hochzeitstag hineinschlafen."

Sie aber wies glücklich lächelnd auf ihr Kind.

– Und bald war alles still. Aber nicht der schwarze Totenbaum streckte seine Zweige über das Dach des Hauses; aus fernen goldnen Ährenfeldern nickte sanft der rote Mohn des Schlummers.

Noch eine reiche Ernte stand bevor.

Und es war wieder Rosenzeit. – Auf dem breiten Steige des großen Gartens hielt ein lustiges Gefährte. Nero war augenscheinlich avanciert; denn nicht vor einem Puppen-, sondern vor einem wirklichen Kinderwagen stand er angeschirrt und hielt geduldig still, als Nesi an seinem mächtigen Kopfe jetzt die letzte Schnalle zuzog. Die alte Anne beugte sich zu dem Schirm des Wägelchens und zupfte an den Kissen, in denen das noch namenlose Töchterchen des Hauses mit großen offenen Augen lag; aber schon rief Nesi: „Hü, hott, alter Nero!", und in würdevollem Schritt setzte die kleine Karawane sich zu ihrer täglichen Spazierfahrt in Bewegung. Rudolf und mit ihm Ines, die schöner als je

45

an seinem Arme hing, hatten lächelnd zugeschaut; nun gingen sie ihren eigenen Weg; seitwärts schlugen sie sich durch die Büsche entlang der Gartenmauer, und bald standen sie vor der noch immer verschlossenen Pforte. Das Gesträuch hing nicht wie sonst herab; ein Gestelle war untergebaut, sodass man wie durch einen schattigen Laubengang hinangelangte. Einen Augenblick horchten sie auf den vielstimmigen Gesang der Vögel, die drüben in der noch ungestörten Einsamkeit ihr Wesen trieben. Dann aber, von Ines' kleinen kräftigen Händen bezwungen, drehte sich der Schlüssel, und kreischend sprang der Riegel zurück. Drinnen hörten sie die Vögel aufrauschen, und dann war alles still. Um eine Handbreit stand die Pforte offen; aber sie war an der Binnenseite von blühendem Geranke überstrickt; Ines wandte alle ihre Kräfte auf, es knisterte und knickte auch dahinter; aber die Pforte blieb gefangen.

„*Du* musst!", sagte sie endlich, indem sie lächelnd und erschöpft zu ihrem Mann emporblickte.

„*... bald standen sie vor der noch immer verschlossenen Pforte"*

Die Männerhand erzwang den vollen Eingang; dann legte Rudolf das zerrissene Gesträuch sorgsam nach beiden Seiten zurück.

Vor ihnen schimmerte jetzt in hellem Sonnenlicht der Kiesweg; aber leise, als sei es noch in jener Mondnacht, gingen sie zwischen den tiefgrünen Koniferen auf ihm hin, vorbei an den Zentifolien, die mit Hunderten von Rosen aus dem wuchernden Kraut hervorleuchteten, und am Ende des Steiges unter das verfallene Rohrdach, vor welchem jetzt die Klematis den ganzen Gartenstuhl besponnen hatte. Drinnen hatte, wie im vorigen Sommer, die Schwalbe ihr Nest gebaut; furchtlos flog sie über ihnen aus und ein.

Was sie zusammen sprachen? – Auch für Ines war jetzt heiliger Boden hier. – Mitunter schwiegen sie und hörten nur auf das Summen der Insekten, die draußen in den Düften spielten. Vor Jahren hatte Rudolf es schon ebenso gehört; immer war es so gewesen. Die Menschen starben; ob denn diese kleinen Musikanten ewig waren?

„Rudolf, ich habe etwas entdeckt!", begann jetzt Ines wieder. „Nimm einmal den ersten Buchstaben meines Namens und setz ihn an das Ende! Wie heißt er dann?"

„*Nesi!*", sagte er lächelnd. „Das trifft sich wunderbar."

„Siehst du!", fuhr sie fort, „so hat die Nesi eigentlich meinen Namen. Ist's nicht billig, dass nun mein Kind den Namen *ihrer* Mutter erhält? – Marie! – Es klingt so gut und mild; du weißt, es ist nicht einerlei, mit welchem Namen die Kinder sich gerufen hören!"

Er schwieg einen Augenblick.

„Lass uns mit diesen Dingen nicht spielen!", sagte er dann und sah ihr innig in die Augen. „Nein, Ines; auch mit dem Antlitz meines lieben kleinen Kindes soll mir ihr Bild nicht übermalt werden. Nicht Marie, auch nicht Ines – wie es deine Mutter wünschte – darf das Kind mir heißen! Auch Ines ist für mich nur einmal und niemals wieder auf der Welt." – Und nach einer Weile fügte er hinzu: „Wirst du nun sagen, dass du einen eigensinnigen Mann hast?"

„Nein, Rudolf; nur, dass du Nesis rechter Vater bist!"

„Und du, Ines?"

„Hab nur Geduld; – ich werde schon dein rechtes Weib! – Aber –"

„Ist doch noch ein Aber da?"

„Kein böses, Rudolf! – Aber – wenn einst die Zeit dahin ist – denn einmal kommt ja doch das Ende – wenn wir alle dort sind, woran du keinen Glauben hast, aber vielleicht doch eine Hoffnung –, wohin sie uns vorangegangen ist, dann" – und sie hob sich zu ihm empor und schlang beide Hände um seinen Nacken – „schüttle mich nicht ab, Rudolf! Versuch es nicht; ich lasse doch nicht von dir!"

Er schloss sie fest in seine Arme und sagte: „Lass uns das Nächste tun; das ist das Beste, was ein Mensch sich selbst und andern lehren kann."

„Und das wäre?", fragte sie.

„*Leben,* Ines; so schön und lange, wie wir es vermögen!"

Da hörten sie Kinderstimmen von der Pforte her; kleine, zum Herzen dringende Laute, die noch keine Worte waren, und ein helles „Hü!" und „Hott!" von Nesis kräftiger Stimme. Und unter dem Vorspann des getreuen Nero, behütet von der alten Dienerin, hielt die fröhliche Zukunft des Hauses ihren Einzug in den Garten der Vergangenheit.

Der Weg „in den Garten der Vergangenheit"

Übersicht über Storms Leben und Werk

(Auszug aus der Zeittafel, die der Biographie „Theodor Storm, Leben und Werk", Husum, in demselben Verlag, beigegeben ist)

1817
14. September: Hans Theodor Woldsen Storm in Husum, Markt 9, geboren. Vater: Justizrat Johann Casimir Storm (1790–1874); Mutter: Lucie, geb. Woldsen (1797–1879).

1826–35
Besuch der Husumer Gelehrtenschule.

1835–37
Übergang auf das Katharineum in Lübeck, Bekanntschaft mit Geibel und Röse. Storm lernt Goethes „Faust", die Lyrik Heines und Eichendorffs kennen.

1837–42
Jurastudium an der Kieler und Berliner Universität. Freundschaft mit Theodor und Tycho Mommsen.

1840
Veröffentlichung erster Gedichte im „Album der Boudoirs". Beginn der Sammlung von Sagen, Märchen und Liedern (später von Müllenhoff herausgegeben).

1842
Oktober: Juristisches Staatsexamen in Kiel. Rückkehr nach Husum; erste juristische Arbeiten in der Rechtsanwaltspraxis des Vaters.

1843
Februar: Eröffnung einer eigenen Rechtsanwaltspraxis. Frühjahr: Gründung eines „Singvereins". Im November erscheint das „Liederbuch dreier Freunde".

1844
Januar: Verlobung mit seiner Cousine Constanze Esmarch (1825–1865). Juni: Teilnahme am Nordfriesenfest in Bredstedt.

1846
15. September: Eheschließung mit Constanze Esmarch in Segeberg.

1847
Liebesverhältnis zu Dorothea Jensen. Gedichtzyklus mit „Rote Rosen" und „Mysterium" (erst posthum veröffentlicht). Erste Prosaskizze „Marthe und ihre Uhr".

1848
Beginn der schleswig-holsteinischen Freiheitsbewegung. Entstehung der Gedichte „Ostern" und „Oktoberlied".

1849
Novelle „Immensee" (erste Fassung), Kindermärchen „Der kleine Häwelmann".

1850
November: Beginn des Briefwechsels mit Eduard Mörike.

1852
8. Mai: Londoner Protokoll (Ende des schlesw.-holst. Freiheitskampfes). Storms Bestallung als Rechtsanwalt wird vom dänischen König aufgehoben. Storm sucht eine neue Stellung in Gotha, Buxtehude und im preußischen Justizdienst. Ende 1852: Erste selbständige Ausgabe seiner „Gedichte" (bei Schwers in Kiel).

1853
März: Beginn des Briefwechsels mit Theodor Fontane. 18. Oktober: Ernennung zum preußischen Gerichtsassessor. November: Beginn des Briefwechsels mit Paul Heyse. Dezember: Emigration, Übersiedlung von Husum nach Potsdam.

1854
Gedicht „Für meine Söhne".

1856
„Gedichte" (2. Aufl. Schindler, Berlin), u. a. mit „Meeresstrand". 1856–64 Kreisrichter in Heiligenstadt. 1859 Novelle „Auf dem Staatshof".

1862
Spukgeschichten „Am Kamin". Novellen „Auf der Universität", „Im Schloss" und „Unter dem Tannenbaum".

1864
Januar: Preußisch-österreichisches Ultimatum an Dänemark und Beginn des Krieges. Februar: Wahl Storms zum Landvogt im Landkreis Husum. 12. März: Rückkehr nach Husum. 18. April: Eroberung der Düppeler Schanzen. Märchen „Bulemanns Haus".

1865
4. Mai: Geburt der Tochter Gertrud. 20. Mai: Tod seiner Frau Constanze. Zyklus „Tiefe Schatten". 5.–13. September: Gast bei dem russischen Dichter Iwan Turgenjew in Baden-Baden.

1866
Krieg zwischen Preußen und Österreich; 4. Juni: Einmarsch preußischer Truppen in Holstein. 13. Juni: Eheschließung mit Dorothea Jensen (1828–1903). Oktober: Umzug in das Haus Husum, Wasserreihe 31 (heute: Museum).

1868
Nach Aufhebung des Landvogt-Amtes wird Storm Amtsrichter. 4. November: Geburt der Tochter Friederike (Stiefmutterprobleme gelöst).

1870
Deutsch-französischer Krieg. Storm spricht sich gegen den Krieg aus, hat „mehr Begeisterung für den Kampf im Staate als für den um seine Grenzen".

1872
Novelle „Draußen im Heidedorf" (Durchbruch zu einem Realismus „ohne den Dunstkreis einer bestimmten ‚Stimmung'"). August: Reise nach Salzburg (Schloss Leopoldskron).

1874
Ernennung zum Oberamtsrichter. 15. September: Tod des Vaters. Novellen „Viola tricolor", „Beim Vetter Christian", „Pole Poppenspäler", „Waldwinkel".

1875
Gedicht „Über die Heide".

1876
Novelle „Aquis submersus".

1877
Februar: Reise nach Würzburg, um den Sohn Hans durchs medizinische Examen zu bringen. Begegnung mit dem Literaturwissenschaftler Professor Erich Schmidt (Briefwechsel). März: Beginn des Briefwechsels mit Gottfried Keller.

1878
Novellen „Carsten Curator" und „Renate".

1879
Amtsgerichtsrat. Novellen „Im Brauerhause", „Eekenhof". 28. Juli: Tod der Mutter. Gedicht „Geh nicht hinein".

1880
1. Mai: Vorzeitige Pensionierung. Übersiedlung nach Hademarschen: Bau einer „Altersvilla". Novelle „Die Söhne des Senators".

1881
Novelle „Der Herr Etatsrat".

1882
Novelle „Hans und Heinz Kirch".
Verleihung des Maximiliansordens.

1884
Mai: Reise nach Berlin. Festbankett zu Ehren Storms. Novelle „Zur Chronik von Grieshuus".

1886
Mai: Reise nach Weimar. Besuch bei Erich Schmidt (damals Direktor des Goethe-Archivs). Beginn der Arbeit am „Schimmelreiter".
Fünfmonatige Krankheit (Oktober 1886 bis Februar 1887).

1887
Novellen „Ein Doppelgänger" und „Ein Bekenntnis". August: Aufenthalt auf Sylt; Fragment „Sylter Novelle".
Feiern zum 70. Geburtstag in Hademarschen. Magenkrebs.

1888
Novelle „Der Schimmelreiter".
Am 4. Juli gestorben, am 7. Juli auf dem St.-Jürgen-Friedhof in Husum beigesetzt.

Nachwort

„Viola tricolor" – Dichtung und Wirklichkeit

Anfang 1864 war Theodor Storm nach 12-jähriger Emigration nach Husum zurückgekehrt.[1] Das Glück der Heimkehr jedoch verband sich bei ihm mit der bangen Frage: „Wen von Euch (von der Familie) soll ich dafür zum Opfer bringen?" Seine böse Ahnung erfüllte sich allzu bald: am 20. Mai 1865 starb seine Frau Constanze, 16 Tage nach der Geburt des 7. Kindes (Gertrud). Zuerst hat eine Haushälterin, die Engländerin Miss Mary Pyle, sich der sechs Kinder und des Neugeborenen angenommen. Storm selbst aber fand sich nur schwer zurecht; seine Dichtung, oder – wie er sich auszudrücken pflegte – seine Muse schlief. „Das Leben ist nun schwer, das Dichten vielleicht unmöglich", schrieb er nach dem Tode seiner Frau einem Bekannten.[2] Er sah auch, dass die Kinder eine neue Mutter brauchten. Da traf er Ende 1865 seine Jugendliebe Dorothea Jensen, durch die er einst (1847/48) – wie er seinem Freund Pietsch gesteht (12. 5. 1866) – die „erschütternste Leidenschaft" erfahren hatte und der er „die Hälfte seiner Poesie" verdankte (vgl. „Immensee"). Die Begegnung weckte neuen Lebensmut in dem Dichter. Zu stark aber schob sich zunächst noch das Bild der Verstorbenen zwischen ihn und die Jugendgeliebte. Storm wollte Constanze nicht untreu werden. Doch schließlich sagte er sich: „Beide habe ich geliebt, ja beide liebe ich noch jetzt; welche am meisten, weiß ich nicht ... Constanze ist tot. Sie lebt ... Meine Kinder, große wie kleine, hoffen auf sie wie auf die Rückkehr eines Schimmers von dem Sonnenschein ..., der einst, da ihre Mutter lebte, in unserm Hause war." (Storm an Brinkmann, 21. 4. 1866).

Im Juni 1866 heiratete Storm Dorothea Jensen. Sie war damals 37, er 48 Jahre alt. Sie war – wie Storm selbst schreibt – als Hausgehilfin und Haushälterin in verschiedenen Haushalten „oft in drückender Abhängigkeit verblüht" (an Brinkmann, 21. 4. 1866). Um seiner zweiten Frau den neuen Anfang zu erleichtern, hat Storm sein Haus in der Süderstraße (Nr. 12), in dem Constanze gestorben war und das er schon immer als eng und dunkel empfunden hatte, verkauft und ist im Oktober

---

[1] Vgl. dazu und zu anderen biographischen Details meine Storm Biographie „Theodor Storm – Leben und Werk", Husum 1984, 3. Aufl., besonders S. 47ff.
[2] Brief an H. Götz, 26. 11. 1865

54

1866 in das geräumigere und hellere Haus, Husum, Wasserreihe 31 (heute: Storm-Haus-Museum), umgezogen.

Die Aufgabe, die Dorothea übernahm, war keine leichte. Das neue Haus hatte zwölf Zimmer; diese in Ordnung zu halten (mit zwei jungen Mädchen allerdings) und in den verwahrlosten großen Hausstand Ordnung zu bringen, war für eine so gewissenhafte Hausfrau wie „Frau Do" ein schweres Stück Arbeit. Außerdem aber galt es, sieben Kinder zu leiten, die im unterschiedlichsten Alter standen und recht eigenwillige Persönlichkeiten waren; das erforderte von einer Stiefmutter das Äußerste an Einfühlungsvermögen und Kraft. Hinzu kamen die hohen Ansprüche, die Storm an sie stellte: sie sollte – wie Constanze – Geliebte, Mutter, Wirtschafterin und Gehilfin des Dichters sein (seine Dichtungen beurteilen, beim Abschreiben der Novellen helfen …), – und dies alles, ohne vom Dichter selbst die ganze, dazu notwendige seelische Unterstützung zu erhalten. Denn er hatte – noch immer im Konflikt zwischen der Verstorbenen und der Lebenden – darauf bestanden, dass die Kinder nicht „Mutter" zu ihrer Stiefmutter sagten, sondern „Tante" (Dorothea war wirklich die Tante der Kinder – als Schwester der Frau seines Bruders Johannes; sie war von den Kindern auch immer schon „Tante" genannt worden). Storm an den Landrat vom Wussow: „Sie war längst die geliebte ‚Tante Do' der Kinder, das bleibt sie auch. Der Muttername wird unsrer geliebten Toten nicht geraubt!" (14.7.1866).

So kam es in den ersten Ehejahren, unter all diesen Belastungen, denen Frau Do ausgesetzt war, im Hause Wasserreihe 31 zu schweren Krisen, seelischen vor allem, die sich aber auch in Krankheiten niederschlugen. Erst die Geburt eines Kindes (Storms achtes, Frau Do's erstes Kind: Friederike) im Jahre 1868 brachte Heilung. Storm an Pietsch: „Ich glaube fest, dass dies Kind uns zum Heile wird, es gibt der Mutter das, dessen doch jedes Weib bedarf." (27.11.1868).

Dieser kurze Einblick macht deutlich, dass die Novelle „Viola tricolor" eine „Befreiung à la Goethe" ist[3]: Storm hat sich hier die eigenen krisenhaften Erlebnisse der ersten Ehejahre mit Dorothea Jensen von der Seele geschrieben; allerdings erst in einem Abstand von vielen Jahren.

Im Sommer 1873 hat Storm die Novelle „Viola tricolor" begonnen, und im Oktober desselben Jahres konnte er das fertige Manuskript an

---

[3] So charakterisiert Storm eine andere ‚Befreiungsdichtung', und zwar die Novelle „Carsten Curator" (an A. Nieß, 25.6.1878).

den Verlag abschicken. Er verlangte 145 Reichstaler Honorar. Der verantwortliche Redakteur des Westermann-Verlages akzeptierte diese verhältnismäßig hohe Summe, indem er notierte: „Diese Novelle ist etwas theuer ... Es ist jedoch die beste Novelle, die wir von Storm, und überhaupt eine der besten, die wir je hatten ..." Im März 1874 erschien die Novelle „Viola tricolor" in Westermanns Monatsheften (Nr. 35, S. 561–576).

In dem Titel der Novelle mit der lateinischen Bezeichnung für das „Stiefmütterchen" (Viola tricolor = dreifarbiges Veilchen) nannte und verschlüsselte Storm zugleich den eigentlichen Anlass und das Thema der Novelle. Aber auch sonst gehen Wirklichkeit und Dichtung immer wieder ineinander über. Im Gegensatz zu sonstigen Stiefmutter-Geschichten (vgl. „Schneewittchen"!) ist bei Storm – in Anlehnung an die selbst erfahrene Wirklichkeit – die Stiefmutter die eigentlich Leidende. Auch den Wunsch, die Kinder möchten nicht „Mutter", sondern „Tante" sagen, hat Storm aus der Wirklichkeit in die Novelle übernommen, aber wiederum „poetisiert"; so heißt es in dem ersten Gespräch zwischen der neuen Mutter und der kleinen Nesi: „Das Kind sah verlegen zu ihr auf und erwiderte beklommen: ‚Mama könnte ich gut sagen!' Die junge Frau ... heftete ihre dunklen Augen in die noch dunkleren des Kindes: ‚Mama, aber nicht Mutter?' fragte sie. ‚Meine Mutter ist ja tot', sagte Nesi leise." (S. 16).

Aber auch die Rolle des Mannes, der zu stark noch an der Verstorbenen hängt, ist von der selbst erlebten Wirklichkeit mitbestimmt. Storm kritisiert sich hier selbst. Wie stark dabei die Wirklichkeit in die Novelle hineingenommen wird, zeigt das Gespräch der Eheleute im Schlussteil, wo Ines ihrem Mann vorschlägt, das Neugeborene nach der verstorbenen Frau „Marie" zu nennen, und der „eigensinnige Mann" dies schroff ablehnt (S. 49). Man vergleiche dieses Gespräch mit dem, was Storm seinem Freunde Pietsch am 27.11.1868 über die Namensgebung für seine Tochter mitteilte: „Sie (Frau Do) wünscht, dass die Kleine Constanze genannt werde; ich habe ihr aber gesagt, dass dieser Name für mich nur eine Bedeutung haben könne und solle; und so sind wir übereingekommen, die Kleine (nach Do's Mutter)...‚Friederike' zu taufen".

Die dramatische Zuspitzung des Konflikts – die nächtliche Flucht der Frau in den Garten (S. 33ff.) und die in die Nähe des Todes führende Krankheit (S. 40f.) – sind reine Dichtung. Die Lösung der Krise jedoch wird – wie in der Wirklichkeit – durch die Geburt des Kindes erreicht. Storm aber beschränkt sich nicht auf eine mehr äußere Heilung und Genesung; seine Lösung ist tiefer angelegt. Erst in dem Augenblick, in dem die zweite Frau innerlich bereit ist, die Vergangenheit Rudolfs (die glückhafte Zeit mit der ersten Frau) mitzutragen, und Rudolf bereit ist, seine zweite Frau an seiner Vergangenheit teilnehmen zu lassen, in dem Augenblick also, als symbolhaft der „Garten der Vergangenheit" geöffnet wird, ist die Partnerschaft gefunden, die eine „fröhliche Zukunft" (letzter Satz der Novelle) ermöglicht.

Die innere Verschränkung von Poesie und Wirklichkeit ist in „Viola tricolor" so groß, dass Storm hier – und nur hier und sonst nirgends in seinen Novellen – das Haus, in dem er selbst die in der Novelle behandelte Problematik erlebt hat, sein Wohnhaus in der Wasserreihe (heute Museum), zum Schauplatz der Novelle gemacht hat. Wer die Novelle aufmerksam gelesen hat, wird dies beim Rundgang durch das Storm-Haus selbst feststellen können (übrigens ist diese Tatsache der Forschung erst 1972 bekannt geworden, als die Storm-Gesellschaft das Haus aus Privatbesitz übernahm und zum Museum ausbaute).

Vergegenwärtigen wir uns die lokalen Vorstellungen, die der Novelle zugrunde liegen, so ist gleich am Anfang von einer „Flügeltür" die Rede, die einer „breiten, in das Oberhaus hinaufführenden Treppe gegenüber" liegt (S. 6); durch diese Tür betritt Nesi das „Wohnzimmer", von dem es heißt: „die beiden Fenster des tiefen Raumes gingen auf eine von hohen Häusern eingeengte Straße". Auch von einem „Flur" und einer „Haustür" ist die Rede und von „hinteren Räumen" (S. 6 u. 17). Schon jetzt erkennt man unschwer, dass der Dichter hier die Räume in der unteren Etage seines eigenen Hauses vor Augen hat: den Flur mit der Haustür, die Treppe, das Treppenhaus und das Wohnzimmer (heute: das sog. „Viola tricolor-Zimmer"), so wie er die untere Etage seines Hauses für seinen Freund Ludwig Pietsch in Berlin am 10. 12. 1866 skizziert hat:

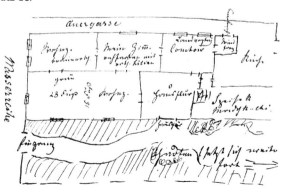

Auch sonst kann man sich im Storm-Haus in der Wasserreihe mit Hilfe der Novelle zurechtfinden: Das „Studierzimmer des Vaters" liegt in der Novelle wie in Wirklichkeit im „Oberhaus"; es ist die „letzte Tür" am Ende des oberen „Korridors" (S. 9), und aus dem Studierzimmer blickt man in den „unten" liegenden Garten (S. 12). Daraus ergibt sich die einzigartige Merkwürdigkeit, dass in der Novelle das Zimmer poetisiert sichtbar wird, in dem der Dichter diese Novelle niedergeschrieben und in dem er eben dieses Zimmer auch beschrieben hat: sein eigenes „Poetenstübchen" nämlich. Außer dem „Arbeitszimmer" befinden sich in der oberen Etage noch der „große Saal" sowie „kleinere Kammern und Stuben" (S. 17). Deutlich hat hier die obere Etage des eigenen Hauses dem Dichter das „Rohmaterial" für seine Novelle geliefert und sind hier Vorstellungen vom „Saal", dem später – nach der Vermietung der unteren Etage – zum Wohnzimmer ausgebauten „Saal" des alten Kaufmannshauses, verarbeitet. Nur den „großen Garten" hat Storm für seine Zwecke in der Novelle „poetisiert"; die Wirklichkeit ist ja, wie sich jeder heute noch überzeugen kann, kleiner und bescheidener. Auch der Garten der Großmutter, der sich in der Novelle daran anschließt, der „Garten der Vergangenheit", ist ganz und gar Dichtung; ein solcher hat beim Haus Wasserreihe 31 nie existiert.

Natürlich haben Storms Zeitgenossen diese enge Verquickung von Dichtung und lokaler Wirklichkeit nicht gekannt (wir wissen das ja auch erst seit 1972). Sie bewunderten die Novelle, weil „sich dem Leser ein ungeahnt tiefer Blick in die Frauen- und Kinderseele erschließt" (Peter Rosegger in der „Grazer Tagespost", 11. 10. 1874). Die Wiener „Neue Freie Presse" meinte sogar: „Die Novelle ‚Viola tricolor' gehört zu dem Allerbesten, was Storm geschrieben; er hat vielleicht manche farbenreichere Dichtung, aber gewiss keine geschaffen, die tiefer greifend und ergreifender wäre". (E. Zetsche, 31. 10. 1874).

So konnte Storm voller Stolz feststellen (an L. Pietsch, 15. 10. 1874): „Von allen Enden Deutschlands wird sie („Viola tricolor") als mein Meisterstück erklärt. Ich meine, die andern sind ebenso gut. Aber innerlichste Arbeit ist es und mit dem Bewusstsein geschrieben, dass ich da meiner Nation etwas zu sagen hatte …"

Anmerkungen und Worterklärungen
Die Ziffern vor den Anmerkungen bezeichnen die Seiten.

6 *Perpendikelschlag:* Uhrpendelschlag

8 *venezianischer Spiegel:* Spiegel, der in einem im 12. Jahrhundert in Venedig entdeckten Guss- und Walzverfahren hergestellt ist

9 *Repositorien:* Bücherregale

11 *Terrakotten:* Aus Griechenland oder Italien (Etrurien) stammende Gefäße und Plastiken aus gebranntem Ton

12 *Klematis:* Emporklimmende, großblumige Zierpflanze

12 *Zentifolien:* „Hundertblättrige" Rosen

12 *Nesi:* Koseform von Agnes, aber auch: Umkehrung von „Ines", dem Namen der zweiten Frau, und von daher Vorausdeutung auf die innere Verwandtschaft zwischen Stiefmutter und Stiefkind, die am Schluss der Novelle zum Tragen kommt und den Eltern dann auch bewusst wird (vgl. S. 47f.)

24 *das Müller'sche Quartett:* Bekanntes Quartett der Gebrüder Müller, das tatsächlich – und zwar auf Storms Veranlassung – in Husum gastiert hat (vgl. den Brief Storms an Kl. Groth, 5. 3. 1868)

27 *Pompeji:* Stadt am Vesuv, 79 n. Chr. vom Aschenregen eines Vesuvausbruchs verschüttet; größere Ausgrabungen seit 1860

27 *Koniferen:* In Kegelform wachsende Nadelbäume

29 *zuletzt süß wie Bienengetön:* Mit ähnlichen Worten beschreibt Storm das Hinscheiden seiner Frau Constanze (!): „zuletzt aber wurde es sanft wie Bienengetön ..." (in seinem Brief an L. Pietsch vom 22. 5. 1865).

30 *ohne Priester:* Vgl. Storms Gedicht „Ein Sterbender" (letzte Zeile): „Auch bleib' der Priester meinem Grabe fern".

34 *Plaid:* Bunt kariertes wollenes Umschlagetuch (engl.)

38 *„Nun muss sich alles, alles wenden!":* Zitat aus Uhlands Gedicht „Frühlingsglaube".

Taffetschirm: Schirm aus Taft

43 *Syringen:* Flieder

44 *„Es ward ihr zum Heil, Es riss sie nach oben!":* In Anlehnung an einen Vers aus Schillers Ballade „Der Taucher" (Doch es ward mir zum Heil, er riss mich nach oben).

45 *avanciert:* befördert (franz.)

Titelbild: Im Husumer Storm-Haus, das sog. Viola tricolor-Zimmer.
Seite 2/3: Eingang zum Garten des Storm-Hauses.
Seite 4: Storm-Haus (Museum), Wasserreihe 31.

Bibliografische Information Der Deutschen Bibliothek

Die Deutsche Bibliothek verzeichnet diese Publikation in der Deutschen
Nationalbibliografie; detaillierte bibliografische Daten sind im Internet
über http://dnb.ddb.de abrufbar.

Dem vorliegenden Text liegt der Wortlaut der Ausgabe von Theodor Storms „Sämtlichen Werken" zugrunde,
die Peter Goldammer im Aufbau-Verlag (Berlin/Weimar) herausgegeben hat, und zwar die 2. Auflage von 1967,
Bd. II, S. 383–415, die wiederum auf der von Albert Köster besorgten achtbändigen Kritischen Ausgabe des Insel-
Verlages (Leipzig 1919ff.) beruht. Orthographie und Interpunktion wurden den neuen amtlichen Rechtschreibre-
geln angeglichen, wobei jedoch Eigenheiten des Sprachstils gewahrt blieben.

© 2004 by Husum Druck- und Verlagsgesellschaft mbH u. Co. KG, Husum
Gesamtherstellung: Husum Druck- und Verlagsgesellschaft
Postfach 1480, D-25804 Husum – www.verlagsgruppe.de
ISBN 3-89876-171-1